AF209643

Tänker på regn

Ylva Silverbern

Av Ylva Silverbern har tidigare utgivits

Alltidhult i Jämshögs socken – En
Blekingebygd under 300 år (2017)

Vingar och Verser (2020, tillsammans med
fotograf Eva Kronvall)

Asta Janssons testamente och andra
berättelser från glesbygden (2022)

Häxa & ängel (2023)

Byarna över sjöarna Del I (2024)

ISBN: 978-91-8057-847-9
Förlag: BoD · Books on Demand, Stockholm, Sverige
Tryck: Libri Plureos GmbH, Hamburg, Tyskland

Innehåll

Regnet

Han tänkte att det kanske inte var nödvändigt att använda regnet till något. Kanske kunde man bara låta det falla, att det kunde räcka. Man måste inte till varje pris ta hand om allting, oavsett om det var gratis eller nyttigt.

Fast regn var ju nyttigt, alldeles väldigt nyttigt, men man behövde inte bestämma något om det. Det hade en egen inneboende vilja, eller var det kanske mer en önskan, att få vara nyttigt.

Själv hade han varken någon vilja eller önskan att vara nyttig, och förmodligen var han inte heller det.

Måste man vara nyttig? Har man annars förverkat sin rätt att gå omkring och fundera över regnet? Men någon måste väl i alla fall ha tankar om regnet, annars skulle det inte finnas. Jag tänker, alltså finns jag. Men regnet kan ju inte tänka, så då måste någon annan tänka på det, annars skulle det ju inte finnas.

Så det är säkert det som är meningen med mitt liv. Att tänka på regnet, så att det finns. Det är faktiskt en väldigt viktig sak, helt livsviktig, för utan regnet skulle allting dö.

Han kände sig plötsligt lugn och nöjd. Han visste nu varför han fanns till. Det var för att tänka på regn.

Regnet mot kinden
änglarnas tårar
fulla av sötma
från eviga örter
demonerna härjar
i åskmolnets kanter
blixtarna blänker
som Gabriels svärd

Skuggan väntar stilla

inga tankar

ingen vilja

syster med sömnen

broder med döden

rörelse mot

eller bort

kanske

en längtan

att fly

från sitt ursprung

Regnet
låter som regn
paniken
känns som panik
inga änglar håller vakt
regnet faller
paniken stiger
mot natten
längs blodet
en flodvåg
utom kontroll
golvet släpper taget
dörrarna öppnas
för hemlösa vidunder
utan namn
utan kropp
utan nåd

Havet

Hon bar havet med sig. Det fanns i henne, hos henne hela tiden. Från ögonen med skiftningar från turkos till nästan svart som strax före ett åskväder, till den blekblå, slitna sidenschalen som hon alltid bar, antingen slängd över ena axeln eller oftast draperad över höfterna, som fick henne att påminna om en pryd Afrodite.

När hon någon gång måste lämna havet fick frånvaron av dyningens regelbundna andetag henne att frukta att själva livets andhämtning höll på att ta slut och att döden lurade i någon av de mörka vikarna eller skuggiga gläntorna. Insjöns vågor som lite planlöst bröts mot än den ena, än den andra stenen bringade oreda i hennes andning, gjorde henne nervös och fick hennes tankar att rotera som en guldfisk i ett runt akvarium.

Tillbaka vid havet koncentrerade hon sig på horisonten och pressade sig allt längre in mot det tomrum som finns där bortom. Och när hon jämförde sin egen ensamhet med havets, kändes det genast bättre.

På natten vaknade hon av dyningen, andades i takt med vågornas ljud och tänkte att om hon gav sig åt havet, skulle ingen av dem behöva vara ensam längre.

Smärtan i vågen

slår hårt

rakt genom

tvingar dagar bli nätter

minnen bli glömda

timmar bli år

sältan i blodet

väcker det vilda

gnager

tills

tiden tar slut

gryningen gråter

en dimma

av sorg

Stranden
söker sig mot havet
låter sig
fångas
förloras
tar tillbaka
i stiltje
i storm
trotsar kartans
tvärsäkra linje

Livet saktar in
stegen tvekar
ängslan lagras
i stenarna
långsamma av sitt grå
samlas
i fötterna
i händerna
spindlarna väver tålamod
kring sin väntan
himlen har slutat återvända
fortsätter inuti vågorna

Orden

Det var först när andra talade som han kände sig levande, som han fick lust att påbörja något som kunde visa honom vart han var på väg. Hans egna ord hade numera blivit så blekta, så utslitna och snedgångna att han skämdes för att visa sig i dem. Därför höll han sig undan sådana han kände, så han skulle slippa att skämmas, slippa att själv säga något.

Ofta satte han sig i stället på ett café eller en buss nära några andra, främmande människor och lyssnade till deras samtal. Efter en stund var det nästan som om han själv var en av dem, och han kunde fantisera sig in i deras liv, i deras sammanhang och bli verklig, bli en annan, mindre ömklig. En som kunde ta för sig av livet eller vad det nu var man skulle ta för sig av för att bli någon.

När de lämnade bordet eller bussen satt han kvar en stund i ekot av sitt nya liv tills alla färger och möjligheter tunnats ut, och han blev varse att det fortfarande regnade och att han måste besöka graven innan det blev mörkt.

Törstar efter ord

söker

sväljer

gapet vidgas

mellan mening och liv

insikten viskar om överflöd

utsikten rinner längs bergen

flödar

ur ögon

ur munnar

upphör

utan att orden fått fäste

Provsmakning av stavelser
svarta bokstäver rullar på tungan
meningarna faller ordagrant
på det vita pappret
svartvita berättelser
om gråa varelser
uppstår
rör sig
rakt in i handlingen
som om ingenting hade hänt

Skärvor

Så fort hon vaknade blev hon till skärvor utspridda över hela huset. Det var ingen idé att försöka foga samman dem för hon var som en farsot som spred sig från rum till rum, en smitta som inget botemedel kunde stoppa eller lindra.

På så sätt blev hon en del i allas våra liv, medan vi på sin höjd fick biroller i hennes drömmar. Hela dagarna höll hon på med att börja. Det betydde att nästan alla hennes dagar var fullt utvecklade katastrofer redan före lunch, och framåt kvällen var hon övertygad om att natten skulle rädda henne om hon bara kunde uthärda den sena eftermiddagens uppgivna ljus som resignerat avslöjade att ännu en dag hade gått utan att hon skapat något oförglömligt.

När hon försökte förklara för oss vad det var hon ville, var det ingen som förstod. Det var som om hon var kommen från ett annat land och egentligen hade ett annat modersmål av en större storlek, troligen med fler vokaler och som i skrift bara innehöll versaler. Ibland förälskade hon sig i ett ord och använde det då gång på gång, även när det var mera tveksamt om det var korrekt. Kanske ville hon förvissa sig om att det verkligen fanns och att det smakade lika utsökt som i hennes fantasi.

Varje kväll såg hon sig noga i spegeln för att inpränta minnet av sig själv om hon skulle ha glömt vem hon var när döden kom eller om hon till äventyrs skulle överleva natten.

Först när hon somnat vågade månen gå upp och vargarna yla.

Levandet som pågår

som om

varje dag

är den sista

eller första

rörelser

mot eller från

snart eller senare

lägga

till handlingarna

eller handla

Lusten att leva
kommer inte av sig själv
kamp från natt till dag
längs
misslyckanden
tillkortakommanden
längs
gnisslande leder
uttorkat blod
utan händer
att hålla drömmen fast
upp
ur gravarna stiger
enstaka viljor
att än en gång
erövra dagen

Experimentet

Han hade alltid varit intresserad av fysik. Ända sedan han var liten och fick en spännande låda i julklapp av morbror Klas. "Den lille elektrikern" hette den. Mamma hade varit orolig, särskilt när det slog gnistor och luktade bränt, men pappa hade varit entusiastisk och lagt sig i så mycket att mamma fick säga till honom.

Men det var länge sedan. Efter den förfärliga olyckan (som inte hade med den lille elektrikern att göra) fick han flytta till mormor och börja i en ny skola. Det var jobbigt, han hamnade jämt utanför, och blev retad för sin dialekt. Efter skolan flyttade han tillbaka och fick jobb på lagret hos Kjell & Company. Där trivdes han bra, skaffade en liten lägenhet och en katt. Efter en tid köpte han ännu en katt, så det inte skulle bli så ensamt för Måns när han själv var på jobbet.

Han läste mycket, inte romaner och sådant känslosamt, utan faktaböcker och sådana som handlade om upptäcktsresande och andra som gjort modiga och häpnadsväckande saker. Han förstod att han själv aldrig skulle kunna bli en sådan, och det var han i grund och botten nöjd med. Hans liv med jobbet, katterna och en och annan fotbollsmatch som arbetskamraterna tyckte han skulle följa med på passade honom väl. Och så böckerna, förstås.

Nu hade han börjat läsa en oerhört intressant bok som handlade om kvantfysik. Den där kvantfysiken vände upp och ner på allting han dittills lärt sig om fysikens lagar, och han fick läsa den sakta, ta en liten bit i taget och läsa om varje stycke flera gånger.

Tydligen var det så att allting bestod av vågrörelser ända fram till att någon observerade eller gjorde mätningar. Först då verkade de där vågorna omvandlas till en enda bestämd partikel eller händelse. Någonting kunde alltså vara på flera ställen samtidigt eller flera alternativa skeenden kunde äga rum samtidigt, men så fort man mätte eller kollade så föll allt samman och bara ett av alla de där parallella alternativen blev kvar som en verklighet. Vågorna förvandlades på något mystiskt sätt till partiklar. Möjligheterna till sanningar.

Han tyckte att det lät helt galet och blev alldeles yr i huvudet. I boken fanns det flera exempel på experiment som man gjort och som bevisade det hela, men inte blev han klokare av dem. Det var först när han läste om ett försök med en katt som någon som hette Schrödinger hade gjort som han började hänga med. Schrödinger hade placerat sin katt i en tät låda och sen var det något med speglar och ljus, och så länge man inte öppnade lådan så var katten både levande och död. Samtidigt. Det var först när man öppnade lådan som ett av alternativen blev verklighet.

Det där lät ju inte så krångligt. Från tiden med "Den lille elektrikern" var han van vid att göra experiment. En katt hade han ju, ja, till och med två, och en låda med lock hittade han i garderoben. Vad spegeln skulle vara till hade han inte riktigt förstått, men han tog ner badrumsspegeln och ställde den lutad mot byrån, alldeles bredvid lådan och lät skriv-bordslampan lysa på spegeln.

Båda katterna följde intresserat hans före-havanden, och det var inga problem att placera Måns i lådan. Det var först när han la på locket som det blev ett rysligt liv. Måns for runt som en galning där inne och jamade högljutt. Det fanns inte en chans att han skulle kunna vara både levande och död; att han levde behövde man inte öppna locket för att veta.

Han suckade och släppte ut katten som försvann i ett jehu. Men Misan satt kvar och tittade nyfiket på lådan. Kanske var hon ett bättre försöksdjur? Han tänkte att det nog var bäst att först ge henne lite lugnande, och gav henne några av sina sömnpiller, väl gömda i en sardin. Misan var helt lugn när han la på locket. Han mixtrade lite med lampan och spegeln, och läste i boken om det stod hur länge man skulle vänta innan man fick öppna lådan. Det stod inget om det, och han tänkte att en timme borde räcka.

När timmen hade gått öppnade han lådan och konstaterade att Misan var död. Det var natur-ligtvis sorgligt, men det kändes ändå som att experimentet hade lyckats.

Utesluten

innesluten

gungande

på alla möjligheternas vågor

smakar jag alla sorterna samtidigt

osynlig

väntar jag att du ska öppna dörren

i dina ögon avgörs liv eller död

Just nu

är allting möjligt

just nu

är jag både levande och död

I skuggan av tiden
finns ett rum
där det varaktiga har upphört
och språnget är ständigt

Strukturer av absolut energi
böljande
på långsam våglängd
som dyningen i gryningen

Andetag
som när man lyssnar
efter fienden
i ett samtidigt kaos

Hålen

Hon hade slutat leta efter allt som fattades. Det hade egentligen varit ganska enkelt. Tricket var att bestämma sig för att det som fattades inte fanns. Vettiga människor letar inte efter sådant som inte finns. Att hon inte hade insett något så logiskt och självklart tidigare! Nästa steg var naturligtvis att komma på vad hon skulle fylla hålen med. Hålen efter det som tidigare fattats.

Hon provade några olika tankemodeller. Först tänkte hon sig sitt liv som en maläten ylletröja. Vad gör man med en maläten ylletröja? Man letar upp resten av garnet som den är stickad av (om man nu har det kvar) och lagar hålen. Det kommer att synas lite eftersom det nya garnet ännu inte blekts av ljus och tvättar. Men man skulle ändå kunna använda tröjan, åtminstone på ensamma skogspromenader.

När hon försökte översätta tröjlagningen till sitt eget liv hade hon problem med att komma på vad det där restgarnet skulle kunna symbolisera. Någonting som hennes liv bestod av, men som blivit över vid själva skapandet. Det överblivna. Någonstans fanns det sådant som blivit över, som varit för mycket, som hon själv (eller någon annan?) stoppat undan. Kunde det vara talanger eller förmågor av något slag? Åka skidor, spela schack, hoppa fallskärm, spela piano, brodera dukar. Var sådana aktiviteter kanske talanger som inte kommit till användning och som hon nu skulle laga sina hål med? Eller handlade det om mer subtila saker? Tankar hon aldrig tänkt. Drömmar hon aldrig drömt. Men hur skulle hon hitta dem?

Om malen hade fått hållas tillräckligt länge skulle det finnas så mycket hål att tröjan skulle vara bortom all räddning. Då var det bara att kasta den. Med en rysning släppte hon den tanken.

Nästa tankemodell var en hålslev. Hon hade ingen själv men hon mindes att mormor haft en blåemaljerad hängande på en stång tillsammans med träslevar och vispar. Här var det inte frågan om att fylla igen hålen med något. Hålen i sig är själva hålslevens idé. De är till för att skilja två saker från varandra. Något flytande från något fast. Ibland ska både det flytande och det fasta tas tillvara, ibland bara det ena.

Hon fick en bestämd känsla av att här var hon något viktigt på spåren. Hon behövde inte fylla de där hålen i sitt liv med något. De var till för att skilja det flytande från det fasta. Låta en del rinna igenom, kanske ner i en kopp eller skål för att användas till något gott, eller helt enkelt spola ner i vasken. Och det som blev kvar på sleven, det fasta i tillvaron, det var det hon skulle ta fasta på. Frågan var bara vad hon skulle göra med det. Vad var det för nyttigt som skulle bli resultatet av hennes hålslevsliv?

Det var den tredje tankemodellen hon fastnade för. Spetsgardinen. Vad är det som gör en spetsgardin så vacker? Jo, hålen naturligtvis! Utan hålen skulle gardinen bara vara vilket vitt tyg som helst. Men genom spetsgardinen kan världen utanför skönjas utan att man själv blir särskilt synlig. Solstrålarna letar sig in genom hålen och bildar mönster som under dagen vandrar över golv och väggar. Även månen kan med spetsgardinens hjälp skänka den sömnlöse något vackert.

När hon såg skönheten i sitt spetsgardinsliv fylldes hon av lugn och slutade grubbla.

Tillvaron

ett förlopp

med undantag

från regler

som omfattar

katastrofer

utanför

verkligheter

innanför

de trygga predikanterna

håller

säkert avstånd

strävar långsamt

mot

vår undergång

Ljuset glider närmare
varje dag
en seger
över kroppsdelar
som ingen fogar samman
utspridda
tankar innanför
det tidigare
som var helt
enkelt och sant

De överblivna

Han var helt säker på att han tillhörde de överblivna. De som håller natten fången, delar hemligheter med stjärnorna och hör dagarna byta plats. Han såg sig ofta omkring för att hitta andra som också blivit över. De kanske var lika spridda och ängsligt ensamma som stjärnorna, förtvivlat blinkande i ett tomt universum, som en kosmisk nödsignal.

Han kände på sig att de fanns någonstans, ibland nära, ibland ljusår bort. Han undrade om han och de andra blivit över från samma sortering eller om flera processer pågick samtidigt. Och från vad var det som de blivit över? Från en för tidig död? Eller från ett storslaget liv?

Man kunde inte så noga veta. Inte heller kunde man veta vem det var som sorterade eller om det ens var viktigt att känna till sådana saker eftersom man ändå inte kunde göra något åt det. Lika lite som man kunnat göra något åt att vara den som blev sist vald i fotbollslaget

eller nobbad av den fulaste flickan på skol-
dansen. Han hoppades bara att han inte skulle
vara den ende överblivne som blev kvar när alla
andra hade försvunnit.

Avgrunder öppnar sig

sluter sig

i kroppen fattas

beslut

som inte kan överklagas

cellerna

töms på minnen

den bittra smaken

den tomma bägaren

osynlighetens hunger

bara de synliga

får tala

Frånvaron av ljus
skymmer sikten
utan att vara mörker
detta famlande
efter förklaringar
efter fingertoppar
att känna
att höja
i ett vindpinat nu
eller
en inre stiltje

Döden

Det var när Emma dog som hon började tänka på döden. Innan dess hade döden varit något abstrakt, något som hände när människor blev gamla. Visst hade det varit sorgligt när farfar dog, hon hade nog gråtit i kyrkan, men det hon mindes mest var att hon fick en ny, fin klänning. En mörkblå, inte en svart – hon var ju bara åtta år – för hon måste kunna använda den sen också. Den var av sammet, alldeles mjuk, med en vit spetskrage och silverknappar i ryggen.

Hon mindes också att efter det att kistan hissats ner i jorden och man hade samlats för kaffe i församlingshemmet, hade alla plötsligt pratat och ja, de hade nästan verkat glada. De hade pratat om farfar, om tokigheter han hade gjort, om hur snäll han alltid varit medan de tog för sig av alla kakorna och den gudomligt goda tårtan.

Fast hon visste att farfar inte alltid varit så snäll. Mamma hade sagt att när han var full så skulle hon inte gå nära honom. Men det var inte så lätt för en liten flicka att veta när någon var full, och när han bjudit henne på choklad kunde det inte vara så farligt, även om hon tyckte det var konstigt att han ville att hon skulle ta av sig underbyxorna innan hon fick chokladbiten. Men just då kom mamma in och det blev ett himla väsen, och de hade åkt hem meddetsamma. Efter det hade hon och mamma nästan aldrig varit och hälsat på farfar, pappa hade fått åka själv. Mamma hade sagt att farfar var en gammal snuskhummer, en riktigt ful gubbe.

Det var ett par år efter det att farfar hade dött som Emma blev sjuk. Hon hade tänkt att Gud säkert skulle göra Emma frisk, för Emma trodde verkligen på Gud. De hade pratat mycket om det i söndagsskolan, inte bara på själva lektionerna, utan också när de var hemma. Själv visste hon inte så noga om Gud fanns, men hon hade ändå bett till honom att inte låta Emma dö. Fast det verkade inte som varken Emmas eller hennes egna böner hade hjälpt, för Emma blev bara sjukare, trots att de opererade henne och gav henne giftig medicin så hon tappade håret. Från begravningen mindes hon inte mycket, bara att någon av Emmas fastrar sa, att Emma varit för god för denna världen, och att Gud därför tagit hem henne till sig.

Efteråt tänkte hon att det var konstigt att Gud var så egoistisk, att han inte brydde sig om vad Emma ville, utan bara tog henne. Och hon bestämde sig för att inte vara god och snäll, för då skulle Gud inte vilja ha henne hos sig, och hon skulle inte behöva dö än på länge.

Minnena försvagas sakta
viskar
i mörkret
finns allt
som varken
skreks eller skrevs
orden
mellan raderna
suddas ut
meningen haltar
mot tystnad

Blodet kallnar svart
imperfekt
är allt
återstår
spiraler
av evighet
tömda på minnen
skuggor böljar
över
tomma slagfält

Spåren finns kvar
ett år
kanske två
konturerna suddas
färgerna bleknar
händer som inte längre
röster som inte längre
minnen devalveras
tills
fattigdomen blir en vana

Tiden

Han visste inte om han befann sig på den här sidan tiden eller på den andra. Dagarna, likadana eller nästan, smälte bort som snöflingor i hans händer, eller var det han själv som smälte bort. Havet som var himlen på jorden dundrade in i honom tills tankarna lyfte som måsar, lika obegripligt skriande som livet självt, och döden väntade i vattnet som en möjlighet.

Någonstans fanns det berg som överblickade sammanhangen, men vägarna saknade riktning och väderstrecken fladdrade som fanor före strid. Han visste inte om han vågade den striden, om han skulle överleva sammanhangen eller de honom.

Han lät blicken skära genom alla de århundraden som slumrade i hans kropp utan att kunna hejda varken tiden eller de skuggor som skymtade längs den linje som kanske var hans liv. Vilka är mina livstider, tänkte han, och vilka är mina samtida? Alla dessa nu som jag samlat, hur hänger de ihop? Eller hänger de inte alls ihop? Är det detta som är den totala friheten?

Han var osäker på hur fri han orkade vara, om han kanske ändå måste börja sortera, hitta mönster. Helt enkelt hitta något som han kunde hålla fast vid, hålla i sig när tveksamheterna blev alltför närgångna.

Han tänkte att han skulle försöka se sitt liv som en karta som vecklade ut sig efter hand som han fattade de nödvändiga besluten, de som man inte kommer undan, som gläfser en i hälarna som hungriga vargar tills man kastar åt dem en hand eller ett öra eller vad man tror sig kunna undvara. Men avlägset anade han ett hemland med gränser av okända ord, en kod som öppnade verkligheten.

Han kände varken skuld eller förtvivlan för sin feghet, bara vanmakt inför varje ny dags katastrofer, där hans tystnad sjönk till botten.

Framtiden rör sig
mot ovisshetens dunkel
hoppet viskar
guldet glimmar
vid drakens fot
det förflutna
somnar
med huvud under vinge
drömmarna
flyter i Styx

Låt drömmen vara dröm
imaginär
obefläckad av målmedveten handlingskraft,
så du kan dra ifrån
lägga till
förskjuta tyngdpunkter
variera nyanser

Den förverkligade drömmen
har ett förlopp
bara ett
och besvikelsen adderas till de andra

Reslust

Hon älskade kartor. Ända sedan hon var liten,

då hon ritade kartor i sanden. Hon skrattade när havet suddade ut dem och hon fick rita nya. Som vuxen reste hon hellre i kartan än i verkligheten. Inte för att det var billigare utan för att hon slapp allt sådant praktiskt som att hyra bil eller köpa biljetter för olika färdmedel och hålla reda på avgångstider och incheckning på hotell, där kuddarna aldrig var bra och antingen trafiken eller grannarna bredvid förstörde nattsömnen.

Inför semestern planerade hon spännande resor. Hon kollade tågförbindelser, flygtider, båtrutter och vandringsleder. Hon letade upp originella hotell och hemtrevliga pensionat där hon kunde stanna flera dagar om det fanns intressanta mål för dagsutflykter. Särskilt noga var hon när det gällde att hitta restauranger med spännande och utsökt mat.

Hon noterade alla detaljer, men beställde aldrig något i verkligheten. När semestern kom var allting klart. Kläderna hon skulle ha med sig var utvalda och hängde i en särskild garderob. Att packa ner dem i en väska där de blev skrynkliga var ju onödigt. Varje morgon tog hon reda på hurdant vädret var på den aktuella platsen och klädde sig därefter. Sen slog hon sig ner vid frukostbordet med den typ av frukost som hotellet visade på sina insmickrande och aptitretande foton.

Själva resandet skedde via kartan i datorn, kompletterat med bildmaterial från diverse sajter och andra resenärer. Efter siestan som hon var noga med att inte hoppa över, läste hon reseskildringar och tog sig vidare i kartan.

Inför middagen på kvällen klädde hon om sig och beställde mat från någon av stadens bättre restauranger. Var vädret vackert dukade hon på balkongen, annars inomhus med vit duk och levande ljus. Ett lagom diskret pianostycke fick underhålla henne under måltiden.

Efter middagen gick hon igenom planerna för nästa dag, innan hon somnade i sin egen bekväma säng med huvudet på sin egen kudde.

Avstånd
från här
till det okända
bortom förnuftet
kan mätas
i ljusår
i mörker
så långt som ett liv
så länge som en död
reser sig
lever sig
in i
det verkliga
utan måttstock

Gränser skapar avstånd

mellan

det som borde

och det andra

vill vara

innanför

vara del

vara fångna

i sammanhang

omständigheter

utanför kaos

plågat av frihet

Meningen med livet
är oviss
slumpen
vrider kompassen
ödet
bränner kartan
någon i kulissen
vässar kniven
spetsar drinken
gräver gropen
det enda säkra
är en svart kostym

Labyrinten vrider sig
utåt
inåt
runt sin egen axel
att luta mot
att gråta
tårar
som gömmer
skräcken
att aldrig hitta hem

Hemligheter

Han känner till att det finns hemligheter. En hemlighet är något som högst två, tre eller fyra vet om. Men om hundra vet är det nog ingen hemlighet. Han undrar var gränsen går. Själv delar han ingen hemlighet med någon, det är han säker på för det är aldrig någon som sagt att detta får du aldrig berätta för någon. Han skulle gärna vilja ha en hemlighet tillsammans med någon, det skulle kännas fint, som om han räknades, att han var pålitlig. Men allt han vet får han berätta för vem som helst, fast det tråkiga är att det finns ingen som är intresserad av det han vet.

Att grannen går ut med sin hund varje morgon prick klockan sju. Att brevbäraren kommer mellan tio och halv elva. Att ett paket kaffe numera räcker i tjugotvå dagar. Att den rödhårige pojken inte får vara med när de andra sparkar boll. Att ibland kommer en kvinna med sin cykel full av kassar och plockar upp diverse saker ur papperskorgarna vid lekplatsen. Att någon som heter Nilsson inte rensar luddfiltret i tvättstugan. Att det finns de som är arga och skriver lappar till Nilsson. Att en av snabbköpets kassörskor inte har någon bh. Att man ska vara tyst i bibliotekets läsesal. Att arbetsförmedlingen har slutat med pappersblanketter.

Men häromdagen såg han en möjlighet. Han läste en intressant bok som handlade om en man som blivit vittne till ett mord, men inte berättat för polisen, utan levt med vad han visste resten av sitt liv, med allt vad det innebar. På slutet stod det att han "tog hemligheten med sig i graven". Man kan alltså vara ensam om en hemlighet, man behöver inte vara två eller flera!

Nu försöker han komma på vad det är för något som ska bli hans hemlighet, hans alldeles egen. Det kan ju inte vara något trivialt som bh-lösa kassörskor eller mobbade pojkar. För att det ska vara en hemlighet man tar med sig i graven måste det nog vara betydligt värre än så. Att stjäla något i snabbköpet skulle vara för simpelt och risken att bli upptäckt är säkert stor. De har kameror i alla hörnen, det har han sett.

Kanske måste det vara något riktigt allvarligt som ett mord? Som i boken. Men varför skulle han mörda någon? Han har ju inga fiender. Inga vänner heller för den delen. Fast vänner mördar man ju inte. Om de inte har svikit en. Sen finns det ju de som mördar presidenter och Viktiga Personer, men han följer inte med så noga, vet inte vilken Viktig Person som han skulle kunna ställa till svars för sina egna tillkortakommanden. Och om man mördar en kung eller president blir det förstås ett jäkla ståhej och knappast en hemlighet som man kan ta med sig i graven. Men någon mindre känd och framträdande person, som ändå har gjort något som bör bestraffas.

Nu har han det! Den där Nilsson! Uppen-barligen är det många som hyser agg, kanske rent av hat, mot denne Nilsson. Det verkar inte heller som han ber om ursäkt eller försöker bättra sig av tvättstugekorrespondensen att döma. Nog skulle det vara en välgärning att röja honom ur vägen. Många skulle säkert bli lättade, kanske till och med säga att det var rätt åt den jäveln. Det skulle faktiskt kunna betraktas som en god gärning. En gärning som skulle vara hans egen hemlighet som han skulle ta med sig i graven.

Hemligheter
om sanningen
viskas
mellan
de som är
de som inte
kom tillbaka
lämnar rummet
utan lögner
sätts i karantän
tills
läpparna
vuxit samman

Frågorna
som söker svaren
förvildas på hedar
magra av längtan
fyllda av gravar
utan kistor
utan kransar
gräset gråter
vinden sörjer
när
tystnaden
tar över

Femme fatale

Hon började röka bara för de långa munstyckenas skull och gjorde allt för att se så där gammaldags vampig ut som 1920-talets kvinnor med sina tätslickade frisyrer, korta, ärmlösa klänningar och långa pärlhalsband, som de skälmskt frånvarande virade runt sina fingrar, precis som de överdrivet trånande männens hjärtan. Hon hade aldrig en tanke på att någon kunde tycka det såg löjligt ut, och vem var det egentligen som bestämde vad som var löjligt?

Viskningarna bakom hennes rygg betydde bara att avundsjukan frodades, född av lögner och rykten. Hon visste att hon fortfarande var vacker, det kunde hon se både i spegeln och i männens ögon. Kanske inte före klockan fem på eftermiddagen, men definitivt efter klockan nio, i rätt belysning och med rätt musik. Ungefär som i Casablanca. Hon älskar den filmen, har sett den otaliga gånger, särskilt den där berömda scenen vid pianot. Framför spegeln har hon övat på att se så där kvinnligt drömsk och mystisk ut som Ingrid Bergman. As time goes by. Och det gör den ju. Tiden alltså. Men hon har klarat sig utmärkt bra. Ingen kan tro att hon fyllt femtiofem och man behöver ju inte rusa runt i bländande solsken. Det är för övrigt inte bra för hyn, man kan få rynkor. Alltså ordentliga rynkor. Inte sådana där små trevliga skrattrynkor som hon har, som bara berättar att hon har haft ett liv fyllt av glädje. Och sin fina figur har hon kvar. De där extra kilona som kom för ett par år sedan har satt sig på precis rätt ställen, har bara gjort henne lite kurvigare, så där härligt kvinnlig som Marilyn Monroe. Boop-boop-i-do. Det brukar hon faktiskt sjunga när männen rör vid de där kurvorna, och det märks att det gillar de. Det är också från Marilyn som hon har hämtat sitt valspråk "Det är bättre att vara löjlig än tråkig". Även om hon nu inte är löjlig så är det ett bra valspråk, man har liksom garderat sig mot syrligheter från de avundsjuka. Kanske ska hon ha lite Marilyn-look ikväll när hon ska ut med den där snyggingen från charterresan. Eller är han mer svag för Ingrid-typen?

Lögnerna äter sig

innanför

utan möda

utan skam

fyller

kroppens tomma rum

söker fäste

talar förtroligt

ormarna

ringlar i ordens skugga

Kroppen
tränger ut
genom huden
blod och svett
i hudlöst mörker
går rälsen
nästa station
okänt namn
allt närmare
kroppen
pumpar
dunkar
smälter
sväljer
i små klunkar
för att livet
ska räcka länge

Nuet

Han hade svårt att leva i nuet. Alla intryck - dofter, färger, stämningar - tog han in, ungefär som när man besöker ett galleri och försöker fånga essensen i konstnärens bildspråk. Sedan satte han en ram kring det hela innan han själv klev in i bilden och blev en del av konstverket, någon gång lite mer centralt placerad, men nästan alltid i periferin, nära ramen så att han obemärkt och utan alltför stor ansträngning skulle kunna lämna scenen och befinna sig på den vita väggen bredvid tavlan.

Han hade noterat att nästan alla gallerier hade vita väggar och klädde sig därför helst i vitt. I samma stund som han gled utanför ramen, hängde han upp tavlan i sitt eget galleri. Minnenas galleri.

Efter olyckan besökte han allt oftare detta galleri men hur han än ansträngde sig, flyttade runt bilderna, hängde till och med någon upp- och ner, lyckades han inte förstå.

Nuet

en judaskyss

av tiden

carpe diem

säger de fega

vågar inte drömma

vågar inte minnas

drömmar

är facklor längs livet

minnen

blir drömmar i graven

Stegen mot målet
är små
tills vanan får makten
över
talet
tanken
murarna växer
i tystnad
i rädsla
livet
mister sin sälta

Slumpen drar sakta
längs vägarna
sjunger om frihet
de förälskade
håller sig
för sig själva
håller sig
i varandra
fruktar
att slumpas bort
när
friheten blundar

När bedragarna
känner lukten
av offer
tar vägen slut

Rutiner

Hon var noga med att upprätthålla rutiner, åt på bestämda klockslag, satte sig vid datorn när normalarbetstiden börjar. I allt hon gjorde var det normala hennes ledstjärna, hennes norm. Hennes mobil var alltid laddad och påslagen och vid de sällsynta tillfällen någon ringde bad hon oftast att få ringa tillbaka lite senare. *Passar det i eftermiddag?* Det kändes bra att säga så, att ge intryck av att vara upptagen, att vara någon som betydde något.

De som ringde var oftast någon yngre person som presenterade sig som Markus eller Viktor eller Amanda och de lät som om de kände henne. När hon avslutat samtalet försökte hon minnas om hon träffat någon med det namnet. Det kunde kanske vara något av hennes brors barn. Men hette de så? Det konstiga var att när hon sen ringde tillbaka fick hon aldrig tag i någon med det namnet.

En annan viktig rutin var de två dagliga promenaderna. Hon hade hört i ett radioprogram om hälsa och kost att det var bättre att röra sig lite varje dag än att vrålträna ett par gånger i veckan. Nu skulle hon aldrig få för sig att vrålträna, något som hon gissade var att klä sig i åtsittande färgglada trikåkläder och flänga runt och svettas bland blänkande apparater med handtag och tyngder och utföra halsbrytande övningar enligt instruktioner av någon solbränd, muskulös person som aldrig funderat på döden.

Men promenader passade henne utmärkt. Den första tog hon mellan klockan tio och elva på förmiddagen, för då var alla andra i gång med sitt arbete eller sin skola och det var nästan folktomt på gatorna och i parken. Pensionärerna hade hunnit med allt viktigt om de skulle dö senare under dagen, och de föräldralediga mammorna och papporna hade ännu inte kommit ut ur sina blöjgrottor.

Den andra var en kvällspromenad mellan klockan åtta och nio. Då var familjerna i färd med hushållsbestyr, TV-tittande eller nattning av barn, samtidigt som det var för tidigt för hundägarnas nattkissningstur. Det handlade egentligen inte om att hon var obekväm med andra människor, inte heller om blyghet.

Nej, det var något särskilt med den ödsligt tomma staden som tilltalade henne. Den kom till sin rätt på ett helt annat sätt än när folk knuffades, trängdes, stod och pratade i gathörnen och överhuvudtaget tog plats utan att bry sig om eller ens tänka tanken att staden var en organism, nästan en varelse med flera sekler gamla minnen som man måste röra sig i med respekt för att bli en del av den. Den lilla människan måste underordna sig staden och när någon använde uttryck som *min stad* fann hon det djupt förolämpande.

I den tomma staden fick hennes tankar plats. När hon inte behövde tänka på att undvika kollisioner med andra eller ofrivilligt fick ta del av de floskler, kanske rent av lögner som kunde utbytas mellan personer som egentligen var helt ointresserade av varandra, kunde hon och staden lyssna på varandra, till och med utbyta hemligheter.

Hemligheter var annars något som bara hon och farmor hade haft. När farmor dog förra hösten hade hemligheterna plötsligt blivit bara hennes, vilket gjorde tomheten efter farmodern ännu ödsligare.

Det var under en kall kvällspromenad i januari när snön föll i stora, långsamma flingor och tystnaden svepte in allt som hon förstod att det bara var hon och staden som var där och hon började berätta. Inte med ord, staden kan höra dina tankar om ni befinner er på samma våglängd, den långsamma, den som räknas i decennier och sekler.

Tillsammans med staden blev hon äldre än ekarna i parken och lika nyfödd som vinter-gäcken under deras kala kronor. Men allt sådant, och det som sedan viskades var en hemlighet mellan henne och staden.

Vardagen håller takten
veckorna räknas
av dem som längtar
belägrar åren
för att hålla ut
minut
för minut
kluvna sekunder
som får tiden
att detonera
i ett moln
som är långt
ifrån sommaren

Snö

faller snö

faller flinga för flinga

genom kroppen

andas tystnad

som vilar under huden

väntar

frosten

som fryser blodet

till stillhet

kristallerna

återvänder hem

Fadern

Varje dag, under hela sitt vuxna liv hade han önskat livet ur sin far. Han hade målat upp olika scenarier; bilolyckor, rånmord, drunkning, infarkt och cancer. Ibland hade han gett sig själv en roll i pjäsen, den som stack kniven i Marat eller gav Sokrates giftbägaren.

Nu stod han vid graven, och allt han försökt glömma, hann ifatt honom. Han föll genom sekler av besvikelser, hans famlande efter lyckan som någon annan redan plundrat när han kom fram. Den fader som han trott var också hans, hade nekat honom allt, utom förakt, avståndstagande och våld.

Nu låg fadern i en kista och skulle aldrig mer kunna plåga honom. Var det nu han äntligen skulle bli fri? Han som var skammens och ensamhetens fånge.

När hans blick mötte broderns på andra sidan graven, visste han att frihetens pris var ännu ett liv.

Rättvisan står skriven
väger
skuld mot skuld
slag mot slag
vem väger
sorg mot sorg
smärtans våg
rullar tung
genom salen
vem vågar vittna
bara
de överlevande
gräver nya gravar

Minnen viskar
i tak och tapeter
dofter och ljud
ekar i tomma salar
de döende
tar emot
de vilsna
de ovetande
söker
en mening
ett minne
en sång vibrerar
ljuset rinner
längs
väggar och golv

Sterbhuset är tomt

arvet grälades

ur rummen

ur tiden

de kantstötta minnena

lukten av ängslan

fläckarna av tveksamhet

en droppande misstro

lögnerna på vinden

finns kvar

liksom liket

i garderoben

Ordning och reda

Hon tyckte om ordning och reda. Var noga med att var sak fanns på rätt plats. Förutom att det såg snyggt och prydligt ut så var det tidsbesparande, eftersom hon inte behövde leta efter saker.

Inom familjekretsen tog hon, till skillnad från sin slarvige bror, alltid på sig sin del av såväl förberedelser som genomförande vid tillfällen som födelsedagskalas, jul- och påskfirande och annat, då det av någon anledning ansågs nödvändigt att samlas i föräldrarnas hem för gemensamma måltider. Hon var då mån om att avlasta sin mamma från sådana beslut som vad som skulle serveras, och tog självmant på sig att göra bordsplacering om sådan behövdes.

Någon egen familj hade hon inte. Hon tyckte om att rå sig själv, att slippa behöva tjafsa med andra om vardagsdetaljer och ta hand om oförutsedda händelser som lätt kunde utvecklas till katastrofer. Av arbetskamraternas kafferast-prat hade hon förstått att detta inte var ovanligt.

Nej, för hennes del räckte hunden som familj. Han var en svart labrador som uppskattade träningen på brukshundsklubben lika mycket som hon. Tre gånger i veckan var de där och träffade andra väluppfostrade hundar och människor.

På sitt arbete var hon mycket omtyckt, både av chefer och arbetskamrater. Tjänsten som controller passade henne utmärkt. Här kom hennes sinne för noggrannhet och överblick verkligen till sin rätt, och hon levererade alltid ett överskådligt och tydligt material. Alltid i god tid före möten och genomgångar.

Hon borde på det stora hela taget vara nöjd med sitt liv, om det inte hade varit det där med nätterna. Hon avskydde att gå och lägga sig. Att under hela natten inte ha kontroll över tillvaron var en mardröm. Vad som helst skulle ju kunna hända! Hon skulle kunna ligga och dö eller huset skulle kunna börja brinna eller krig utbryta. Hon vaknade oftast en gång i timmen för att kontrollera att allt var som det skulle, att hjärtat slog normalt och att hunden låg i sin korg. Först i gryningen blev hon lugn, när hon äntligen fick ta dagen i besittning.

Nätterna
gör inga kompromisser
ogenomskinliga
förfallna i glömskans utkant
river tiden i glödande bitar
utan
månar eller drömmar
öser ovissheten
över levandet
utan omsvep
över kroppar
utan svepning

Gränserna mellan

ett då

ett nu

ett sen

suddas ut

händelserna flyter

i nattlandets kaos

du behöver inte

vänja dig vid katastroferna

det räcker att blunda

Du måste närma dig

de vacklande

innan

de faller

i någon annans armar

Mörkret

Han trivdes bäst om natten. Nattens princip var så enkel jämfört med dagens dilemma. Mörkret, tystnaden, vilan i intet. Tills dagen tog sig in med ljus, vind och fågelkvitter. Tog sig in i rum efter rum, kastade omkring sig förväntningar och krav, hunger och hat, måsten och borden, klockor och kompasser.

Den där solen som med sina strålar nästlade sig in i hans tankar och med falsk mildhet ville tvinga ut honom till livsfarligt solande eller uppskjutna trädgårdssysslor.

Det var månen som var hans himlakropp. Dess sparsamma ljus som inspirerade till drömmar, och skapade en skuggvärld som tillät allt och krävde inget. Längs månljusgatan över havet nådde honom orden som dagen vägrat släppa fram, och som befriade honom från skam och skuld.

Om dagen härskade de tvärsäkra tankarnas tyranni. Det kändes som han skulle kvävas av blickarnas profeter, de som kunde se genom och bortom, och likt Abraham var beredda att offra honom på tidens altare. Den kväljande röklukten fanns i hans hud och i hans kläder, och han var säker på att den trängde genom väggarna, in till grannarna, och han fruktade att brandkåren skulle tillkallas om han rörde sig för mycket.

Det var i nattens mörker som bilderna försvann, som glömskan tilläts breda ut sig som en dimma, där inget längre var så tydligt, där rätt och fel tvekade om vems sida av myntet som borde vändas upp. Friheten fanns i att vara ensam i mörkret, med katterna och ugglorna som jagade annat än honom. Likt vargarna ylade han sin längtan efter något som kanske bara döden kunde ge.

Nattens princip och dödens. Dagens dilemma och livets.

Nätterna
smälter samman
visarna tvekar
mellan igår
imorgon
vacklar
förlorar
balansen
hoppet
förståndet
faller samman
innanför midnatt

Frågorna om döden
hänger som ett sorgflor
över dagarna
nätterna är fyllda
av aska och jord
på vintern
är andetagen vita
isen håller
ännu en dag

Mörkret
måste beskrivas
döden betraktas
sorgen besjungas
för att
kännas igen
när dagen är slut

Livet
måste bara levas